AF542684

ENCYCLOPÉDIE DES ÉCOLES

COURS COMPLET DE LECTURE COURANTE

— **PREMIÈRES LECTURES DES PETITS ENFANTS**, syllabées et suivies de *Leçons d'après la méthode Frœbel*, par E. DUPUIS. 1 vol. in-12, avec vignettes, cart. . . . . » fr. 65 c.

II. — **PREMIÈRES LEÇONS DE CHOSES USUELLES**, à l'usage des enfants de 7 à 9 ans, par E. DUPUIS. 1 vol. in-12, avec 120 figures explicatives . . . . » fr. 80 c.

III. — **LECTURES COURANTES DES ÉCOLIERS FRANÇAIS** à l'usage des Ecoles des deux sexes (la **Famille** — la **Maison**: *habitation, alimentation, vêtement* — le **Village** — notre **Pays**), par CAUMONT.

Livre de l'Élève avec lexique, Exercices variés de Grammaire, d'Histoire et Géographie, etc., d'invention et de réflexion, sujets de devoirs, etc. 1 vol. in-12, orné de nombreuses vignettes, cart. 1 fr. 50 c

Livre du Maître, contenant toutes les matières du Livre de l'Élève et, de plus, les corrigés des Exercices de Grammaire, Histoire, etc., les développements des Exercices d'invention et de réflexion, des Conseils pédagogiques, des Notes explicatives, etc. 1 vol. in-12, avec vignettes, cart. . . . . 2 fr. 50 c.

AVERTISSEMENT

Il est d'usage, dans les classes élémentaires, de faire réciter aux enfants, au moins une fois par semaine, une fable ou quelque autre petit morceau de poésie. Cet exercice, prescrit d'ailleurs par la Circulaire ministérielle du 18 novembre 1871 sur l'organisation de l'enseignement dans les écoles primaires publiques, a pour principaux avantages de fixer l'attention des plus jeunes enfants, de cultiver leur mémoire et d'éveiller en eux le raisonnement.

Malheureusement la plupart des recueils de morceaux choisis, fabliers, etc., ne peuvent, vu leur prix relativement élevé, être mis entre les mains de tous les jeunes enfants. Le maître, qui seul tient l'exemplaire, a la peine de faire apprendre les morceaux en les récitant à haute voix. Il y a là tout à la fois une cause de fatigue pour lui, une perte de temps pour toute la classe, et, somme toute, une méthode défectueuse.

Nous avons essayé de remédier à ces inconvénients.

Nous avons pensé que l'on nous saurait gré de grouper les morceaux les plus propres à la récitation en un seul recueil d'un prix assez modique pour qu'il pût être distribué à tous les enfants de la petite classe, à qui il servirait aussi de *Livre de lecture*.

Pour composer ce recueil, nous avons fait appel à l'obligeance d'un certain nombre d'instituteurs et d'institutrices, qui ont bien voulu nous communiquer les titres des morceaux affectés depuis deux ou trois ans à la récitation dans leurs petites classes.

Notre rôle s'est réduit à prendre dans cette abondance choisie des morceaux de toutes les dimensions, de caractère varié, de rythmes différents, et à les disposer, autant que possible, dans un ordre de longueur et de difficultés croissantes. Nous avons donné, comme on le verra, des morceaux d'un sentiment touchant et d'autres gais ; des pièces dont le dialogue exige de la diversité dans les intonations, une sorte de mimique : d'autres, d'un style grave, qui doivent être dits avec recueillement, etc. A côté de morceaux classiques tirés de la Fontaine, de Florian, etc., on rencontrera des morceaux empruntés à des auteurs contemporains : certains maîtres avaient eu la bonne fortune de les découvrir et l'heureuse idée de les appliquer a leur enseignement.

Ce recueil, nous pouvous l'assurer, convient indistinctement a toutes les écoles de garçons et de filles.

Il est bien rare que l'on fasse apprendre de la prose aux enfants de la petite classe : nous avons respecté cet usage qui, d'ailleurs, nous paraît fort rationnel.

RÉCITATION

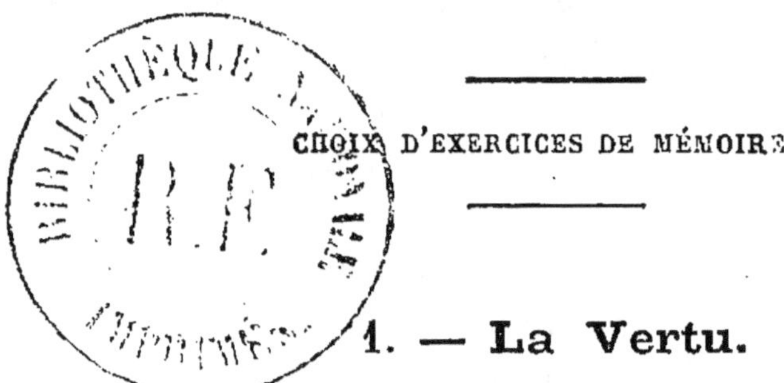

CHOIX D'EXERCICES DE MÉMOIRE

1. — La Vertu.

La Vertu, mes enfants, donne la paix de l'âme.
C'est à faire le bien qu'il faut borner ses vœux.
On est toujours tranquille étant exempt de blâme.
Il n'est point de malheur pour l'homme vertueux.

2. — La Renoncule et l'Œillet.

La Renoncule un jour dans un bouquet
Avec l'œillet se trouva réunie :
Elle eut le lendemain le parfum de l'œillet :
On ne peut que gagner en bonne compagnie.

(BÉRENGER.)

3. — Le Dindon et la Pie.

Un gros dindon demandait à Margot :
« Que disait-on de moi l'autre jour au village ?
— On disait que tu n'es qu'un sot
Qui n'a pour soi qu'un vain plumage. »

(LE BAILLY.)

4. — La Lanterne et la Chandelle.

Une chandelle un jour disait à la lanterne :
« Pourquoi de ton foyer me faire une prison ?
Ton vilain œil-de-bœuf rend ma lumière terne :
Ouvre-toi ; qu'à mon gré j'éclaire l'horizon. »
La lanterne obéit ; l'autre, qu'y gagna-t-elle ?
Bonsoir ! un coup de vent a soufflé la chandelle.

(LE BAILLY.)

5. — Compliment d'un petit enfant.

Petite mère, à mon âge,
On dit mal un compliment,
Ton enfant n'a pour langage,
Que ses deux bras caressants.
Son petit cœur fait tapage,
De ne pouvoir parler mieux ;
Lis le reste dans mes yeux.

6. — L'Ane et les Voleurs.

Pour un âne enlevé deux voleurs se battaient ;
L'un voulait le garder, l'autre le voulait vendre.
Tandis que coups de poings trottaient,
Et que nos champions songeaient à se défendre,
Arrive un troisième larron
Qui saisit maître Aliboron.

(LA FONTAINE.)

7. — La Politesse.

La politesse est à l'esprit
Ce que la grâce est au visage.
De la bonté du cœur elle est la douce image,
Et c'est la bonté qu'on chérit.

(VOLTAIRE.)

8. — L'Araignée et le Ver à soie.

L'araignée, en ces mots, raillait le ver à soie :
« Bon Dieu ! que de lenteur dans tout ce que tu fais !
» Vois combien peu de temps j'emploie
« A tapisser un mur d'innombrables filets. »
— » Soit, répondit le ver ; mais ta toile est fragile,
» Et puis, à quoi sert-elle ? A rien.
» Pour moi, mon ouvrage est utile ;
» Si je fais peu, je le fais bien. »

(LE BAILLY.)

9. — La Rose et le Melon.

« Comment se fait-il, ma voisine,
Disait à la rose un melon,
Tandis qu'on vous met au salon,
Que l'on me porte à la cuisine ?
Mon corps n'est pas aérien
Mais il est bon à quelque chose.
Je sers, vous ne servez à rien.
— Je charme, répondit la rose. »

L'un et l'autre, le fruit et la fleur ont raison,
La fleur d'être charmante et le fruit d'être bon.
Être aimable, charmer, ce n'est pas si facile;
Quand on se fait aimer, on n'est pas inutile.

(L. Ratisbonne.)

10. — L'Orange.

Un jeune enfant mordait dans une orange :
Oh ! s'écria-t-il en courroux,
Le maudit fruit ! se peut-il qu'on le mange !
Qu'il est amer ! on le disait si doux !
— Faux jugement, lui répondit son père :
Otez cette écorce légère,
Vous reviendrez de votre erreur. »
Ne jugeons pas toujours sur un dehors trompeur.

(Florian.)

11. — Image de la vie.

« Où va le volume d'eau
Que roule ainsi ce ruisseau ?
Dit un enfant à sa mère.
Sur cette rive si chère
D'où nous le voyons partir,
Le verrons-nous revenir ?
— Non, mon fils ; loin de sa source
Ce ruisseau fuit pour toujours,
Et cette onde, dans sa course,
Est l'image de nos jours. »

(Mme Tastu.)

12. — Le Houx.

Par le houx épineux un jeune enfant blessé,
A son père, en pleurant racontait, sa disgrâce :
« Ce maudit arbrisseau, de dards tout hérissé,
Dans ce joli bosquet devrait-il trouver place ?
A quoi cela sert-il ? A piquer les passants !
— A donner quelquefois des leçons de prudence ;
A vous prouver, mon fils, par votre expérience,
Qu'il faut s'éloigner des méchants. »

(Bressier.)

13. — L'Enfant et le Chat.

Tout en se promenant, un bambin déjeunait
De la galette qu'il tenait.
Attiré par l'odeur, un chat vient, le caresse,
Fait le gros dos, tourne et vers lui se dresse :
— Oh ! le joli minet ! Et le marmot charmé
Partage avec celui dont il se croit aimé.
Mais le flatteur à peine obtient ce qu'il désire,
Qu'au loin il se retire.
« Ah ! ah ! ce n'est pas moi, dit l'enfant consterné,
Que tu suivais ; c'était mon déjeuné. »

(Guichard.)

14. — Le Pinson et la Pie.

« Apprends-moi donc une chanson, »
Demandait la bavarde pie
A l'agréable et gai pinson,
Qui chantait au printemps sur l'épine fleurie.

« Allez, vous vous moquez, ma mie ;
A gens de votre espèce, ah ! je gagerais bien
Que jamais on n'apprendra rien
— Eh quoi ! la raison, je te prie ?
— Mais c'est que pour s'instruire et savoir bien chanter,
Il faudrait savoir écouter,
Et jamais babillard n'écouta de sa vie. »

(Mme DE LA FÉRANDIÈRE.)

15. — La Diligence.

Clic ! clac ! clic ! holà ! gare ! gare !
La foule se rangeait,
Et chacun s'écriait :
Peste ! quel tintamarre !
Quelle poussière ! Ah ! c'est un grand seigneur !
C'est un prince du sang. C'est un ambassadeur !..
La voiture s'arrête ; on accourt, on s'avance :
C'était... la diligence !
Et... personne dedans :
Du bruit, du vide. Amis, voilà, je pense,
Le portrait de beaucoup de gens.

(GAUDY.)

16. — Le Singe et la Noix.

Le singe autrefois
Trouvant une noix
Encor recouverte
De l'écorce verte,

Et l'en dépouillant
Très patiemment
Dit : « Qu'elle est amère !
Mais consolons-nous :
Le fruit qu'elle enserre
En sera plus doux. »
Jeunesse volage,
Méditez ceci :
L'étude, à votre âge,
Est amère aussi ;
Mais prenez courage
Et, dans peu de temps,
Vous direz, je gage :
— Ses fruits sont charmants.

(Blondeau de Commercy.)

17. — Le Chien et le Chat.

Pataud jouait avec Raton ;
Mais sans gronder, sans mordre, en camarade, en frère;
Les chiens sont bonnes gens, mais les chats, nous dit-on,
Sont justement tout le contraire.
Aussi, bien qu'il jurât toujours
D'avoir fait patte de velours,
Raton (et ce n'est pas une histoire apocryphe)
Dans la peau d'un ami, comme fait maint plaisant,
Enfonçait, tout en s'amusant,
Tantôt la dent, tantôt la griffe.
Pareil jeu dut cesser bientôt :

— Eh quoi! Pataud, tu fais la mine?
Ne suis-je pas ton bon ami?
— Prends un nom qui convienne à ton humeur maligne
Raton; ne sois rien à demi.
J'aime mieux un franc ennemi
Qu'un bon ami qui m'égratigne.

(ARNAULT.)

18. — La petite Souris.

Près d'un chat folâtrait une jeune souris.
Sa mère la voyant lui dit: « Chère petite,
Tu cours un grand danger! viens ici, viens donc vite! »
Malgré sa mère et ses sages avis
La souris en fit à sa tête.
Hap! dit le chat, Miaou!... et l'imprudente bête
Fut avalée en peu d'instants.
Celui qui ne veut pas écouter ses parents,
Tôt ou tard se prépare une peine cruelle,
Enfants, enfants, je vous le dis,
Si vous plaignez le sort de la pauvre souris,
Gardez-vous de faire comme elle.

19. — Le Relais.

Trois enfants s'amusaient en bonne intelligence.
On jouait à la diligence.
Max dit à Marcelin : — Je suis le postillon,
Veux-tu? Je conduirai la malle de Lyon;
Tu seras les chevaux, et Paul, assis par terre,
Trop petit pour courir, nous regardera faire.

— Je ne veux pas, dit Paul; qu'est-ce que je serais?
Vous regarder courir, cela n'est pas bien drôle.
— Sais-tu? répondit Max, tu seras le relais.
Lors petit Paul s'assit, enchanté de son rôle.
Vous aviez deviné, grand Max! le cœur humain.
Petit ou grand, il faut, pour n'être pas morose,
Pouvoir dire : « Je suis ou je fais quelque chose, »
Ne fût-on qu'une borne au milieu d'un chemin!

(Ratisbonne.)

20. — Le Paon, les deux Oisons et le Plongeon.

Un paon faisait la roue, et les autres oiseaux
Admiraient son brillant plumage.
Deux oisons nasillards, du fond d'un marécage,
Ne remarquaient que ses défauts.
— Regarde, disait l'un, comme sa jambe est faite,
Comme ses pieds sont plats, hideux.
— Et son cri, disait l'autre, est si mélodieux
Qu'il fait fuir jusqu'à la chouette.
Chacun riait alors du mot qu'il avait dit.
Tout à coup un plongeon sortit :
— Messieurs, leur cria-t-il, vous voyez d'une lieue
Ce qui manque à ce paon : c'est bien voir, j'en conviens,
Mais votre chant, vos pieds sont plus laids que les siens,
Et vous n'aurez jamais sa queue.

(Florian.)

21. — L'Oreiller d'un enfant.

Cher petit oreiller! doux et chaud sous ma tête,
Plein de plume choisie, et blanc, et fait pour moi!
Quand on a peur du vent, des loups, de la tempête,
Cher petit oreiller, que je dors bien sur toi!

Beaucoup, beaucoup d'enfants, pauvres, nus et sans mère,
Sans maison, n'ont jamais d'oreiller pour dormir;
Ils ont toujours sommeil! O destinée amère!
Maman, douce maman! cela me fait gémir.

Et quand j'implore Dieu pour tous ces petits anges
Qui n'ont point d'oreiller, moi j'embrasse le mien;
Seule dans mon doux lit, qu'à tes pieds tu m'arranges,
Je te bénis ma mère! et je touche le tien.

Je ne m'éveillerai qu'à la lueur première
De l'aube au rideau bleu; c'est si gai de la voir!
Je vais dire tout bas ma plus tendre prière;
Donne encore un baiser, bonne maman! bonsoir!

(Mme Desbordes Valmore.)

22. — La Fève.

Hier, j'étais roi. Cette petite fève,
Vrai talisman caché dans mon gâteau,
M'a proclamé. Mais ce n'était qu'un rêve.
Rêve enchanteur: je m'éveille trop tôt.

Hier, j'étais roi! Mais, hélas! sur la terre,
Aux plus beaux jours il faut un lendemain:
Mon trône d'or, ma couronne éphémère,
J'ai tout cela dans le creux de ma main.

Hier j'étais roi ! roi d'un festin, qu'importe !
Mais j'étais roi : ce titre était le mien,
J'avais la joie et l'orgueil qu'il apporte ;
Dans ce beau jour j'avais tout. . . et puis rien.

(Anatole Coutris.)

23. — La Bonbonnière.

A la discrétion de ses petits enfants,
Sur la table une bonne mère,
Avait laissé sa bonbonnière.
Doit-on ainsi tenter les gens ?
L'un d'eux y puise sans scrupule ;
Le bambin croque à belles dents ;
Mais que prend-il ? Une pilule.
Bientôt un petit mal au cœur. . .
Le larcin est clair... tout l'annonce.
Le lit, la diète, la semonce,
Vont punir le petit voleur.
La friandise est souvent corrigée.
Gardons-nous de l'esprit malin :
Il nous présente la dragée,
Et nous donne le chicotin.

(Du Tremblay.)

24. — L'Écolier, l'Abeille et l'Absinthe.

— Que fais-tu donc sur cette plante ?
Disait un écolier paresseux et mutin
A l'ouvrière diligente.
Qui butinait de grand matin.

— Du miel. — Y penses-tu? Quoi, du miel de l'absinthe?
— Sans doute. — Ah! pour le coup, c'est te moquer de moi!
De ton rare talent, à te parler sans feinte,
Tu fais, ma chère, un sot emploi.
— Ainsi l'âge de l'ignorance
Toujours juge à tort à travers!
Quand mon utile prévoyance
De cette plante aux sucs amers
Tire un miel aussi doux que celui de la rose,
Du travail, mon ami, c'est la métamorphose.
Mets à profit, crois-moi, la leçon d'aujourd'hui
Pour la trop paresseuse enfance
L'absinthe est la peine et l'ennui
Qu'un long travail traîne après lui;
Le miel, c'est le doux fruit que produit la science.

(NAUDET.)

25. — La Vieillesse.

Quand le soleil, de sa carrière,
Atteint le terme radieux,
Il a fertilisé la terre
Et prêté sa splendeur aux cieux.
Quand l'arbre antique se couronne,
On se souvient qu'on a goûté
Ses fruits durant plus d'un automne,
Et son ombre plus d'un été.
Le vieillard que la vertu guide
Ainsi lève un front satisfait,
Où l'on croit lire à chaque ride
La trace du bien qu'il a fait.

26. — Le Chant du laboureur.

Pour chanter sa vive chanson,
L'alouette au vallon devance le poète,
Et moi, pour tracer mon sillon,
J'y devance encor l'alouette.
Comme moi, fiers de leurs travaux,
Mes chevaux généreux mouillent leurs flancs d'écume
Mais plus encore que mes chevaux
La terre qu'ils sillonnent fume.
Je vais m'animant aux chansons,
Car j'aime cette terre où je récolte et sème ;
Cette terre, par ses moissons,
Sait prouver aussi qu'elle m'aime.

(N. Martin.)

27. — La Fête d'une mère.

Toi si bonne, toi si parfaite,
Qui nous aimes de tant d'amour,
Maman c'est aujourd'hui ta fête ;
Pour tes enfants quel heureux jour !

En échange de nos offrandes,
De nos chants pour toi composés,
De nos bouquets, de nos guirlandes,
Donne-nous beaucoup de baisers.

Afin que tu sois satisfaite,
Nous ferons très bien nos devoirs,
Nous lirons sans lever la tête,
Dans notre livre tous les soirs

Nous ne ferons plus de tapage
Dès que tu nous le défendras,
Et le plus bruyant sera sage
Aussitôt que tu le voudras.

Embrasse-nous donc, mère aimée.
Oh ! presse-nous sur ton cœur,
C'est notre place accoutumée,
Dans la joie ou dans la douleur.

(Mme Gagne, Élise Moreau.)

28. — La Mère, l'Enfant et le Vieillard.

« Vois ce vieillard là-bas, sur le bord du chemin :
Va, mon fils ; jusqu'ici conduis-le par la main ;
De ta voix la plus douce apaise sa souffrance :
La vieillesse sourit aux grâces de l'enfance. »
L'enfant part, mais bientôt revenant sur ses pas
« Mère, il ne souffre point, puisqu'il ne pleure pas ;
Car moi, toutes les fois que j'ai du mal, je pleure.
— Retourne à lui, mon fils, amène-le sur l'heure ;
Je veux connaître ses besoins,
Son regard soucieux, son front ridé qui penche,
Voilà de ses ennuis d'infaillibles témoins,
Crois-moi, si par des pleurs la douleur ne s'épanche,
Mon fils, on n'en souffre pas moins. »

(Lachambaudie.

29. — Les deux Voyageurs.

Le compère Thomas et son ami Lubin
Allaient à pied tous deux à la ville prochaine.
Thomas trouve sur son chemin
Une bourse de louis pleine;
Il l'empoche aussitôt, Lubin, d'un air content,
Lui dit : « Pour nous la bonne aubaine!
— Non, répond Thomas froidement,
Pour *nous* n'est pas bien dit; pour *moi*, c'est différent. »
Lubin ne souffle plus: mais, en quittant la plaine,
Ils trouvent des voleurs cachés au bois voisin.
Thomas tremblant, et non sans cause,
Dit: « Nous sommes perdus! — Non, lui répond Lubin,
Nous n'est pas le vrai mot; mais *toi*, c'est autre chose. »
Cela dit, il s'échappe à travers le taillis.
Immobile de peur, Thomas est bientôt pris;
Il tire la bourse et la donne.
Qui ne songe qu'à soi, quand la fortune est bonne,
Dans le malheur n'a point d'amis.

(Florian.)

30. — La Châtaigne.

Que l'étude est chose maussade!
A quoi sert de tant travailler?
Disait, et non sans bâiller,
Un enfant que menait son maître en promenade.

Que lui répondait-on ? Rien. L'enfant sous ses pas
Rencontre cependant une cosse fermée,
Et de dards menaçants de toutes parts armée.
Pour la prendre il étend le bras.
— Mon pauvre enfant, n'y touchez pas.
— Eh ! pourquoi ? — Voyez-vous mainte épine cruelle
Toute prête à punir vos doigts trop imprudents ?
— Un fruit exquis, Monsieur, est caché là-dedans.
— Sans se piquer peut-on l'en tirer ? — Bagatelle !
Vous voulez rire, je crois :
Pour profiter d'une aussi bonne aubaine,
On peut bien prendre un peu de peine,
Et se faire piquer les doigts.
— Oui, mon fils ; mais de plus, que cela vous en- [seigne
A vaincre les petits dégoûts
Qu'à présent l'étude a pour vous.
Ses épines aussi cachent une châtaigne.

(QUINAULT.)

31. — Le Nid.

De ce buisson de fleurs approchons-nous ensemble :
Vois-tu ce nid posé sur la branche qui tremble ?
Pour le couvrir vois-tu ces rameaux se ployer ?
Les petits sont cachés dans leur couche de mousse :
Ils sont tous endormis... Oh ! viens, ta voix est douce,
Ne crains pas de les effrayer.
De ses ailes encor la mère les recouvre.
Son œil appesanti se referme et s'entr'ouvre,

Et son amour longtemps lutte avec le sommeil ;
Elle s'endort enfin... Vois comme elle repose !
Elle n'a pourtant rien qu'un nid sous une rose,
Et sa part de notre soleil.
Vois, il n'est point de vide en son étroit asile :
A peine s'il contient sa famille tranquille ;
Mais là, le jour est pur et le sommeil est doux,
C'est assez ! elle n'est ici que passagère,
Chacun de ses petits peut réchauffer son frère.
Et son aile les couvre tous.

(Émile SOUVESTRE.)

32. — Le Laboureur et ses Enfants.

Travaillez, prenez de la peine :
C'est le fonds qui manque le moins.
Un riche laboureur, sentant sa mort prochaine,
Fit venir ses enfants, leur parla sans témoins.
— Gardez-vous, leur dit-il, de vendre l'héritage
Que nous ont laissé nos parents :
Un trésor est caché dedans.
Je ne sais pas l'endroit ; mais un peu de courage
Vous le fera trouver ; vous en viendrez à bout.
Remuez votre champ dès qu'on aura fait l'août ;
Creusez, fouillez, bêchez, ne laissez nulle place
Où la main ne passe et repasse.
Le père mort, les fils vous retournent le champ
De çà, de là, partout, si bien qu'au bout de l'an
Il en rapporta davantage.

D'argent point de caché; mais le père fut sage
De leur montrer, avant sa mort,
Que le travail est un trésor.

(LA FONTAINE.)

33. — La Goutte d'eau et le Rocher.

Il n'est point de résistance
Dont le temps ne vienne à bout
Et l'effort de la constance
A la fin doit vaincre tout.
L'onde se fait une route
En s'efforçant d'en chercher,
L'eau qui tombe goutte à goutte
Perce le plus dur rocher.

(QUINAULT.)

34. — Le Lion et le Rat.

Entre les pattes d'un lion
Un rat sortit de terre assez à l'étourdie.
Le roi des animaux, en cette occasion,
Montra ce qu'il était et lui donna la vie.
Ce bienfait ne fut pas perdu.
Quelqu'un aurait-il jamais cru
Qu'un lion d'un rat eût affaire?

Cependant il advint qu'au sortir des forêts,
Ce lion fut pris dans des rêts,

Dont ses rugissements ne le purent défaire.
Sire rat accourut, et fit tant par ses dents
Qu'une maille rongée emporta tout l'ouvrage.

Patience et longueur de temps
Font plus que force ni que rage.

(La Fontaine.)

35. — Devenir grand.

Un père à ses enfants parlait de l'avenir.
— Dites-moi ce qu'un jour, vous voulez devenir.
Voyons, toi d'abord, Charle! Or Charle était un brave
Et, brandissant en l'air son grand sabre de bois :
— Je deviendrai soldat, criait-il, et zouave!
Albert qui conduisait deux chaises à la fois :
— Je deviendrai cocher, dit-il d'une voix grave.
— Et toi, mon petit Paul? Petit Paul accourant :
— Ça m'est égal, pourvu que je devienne grand!
— C'est fort bien parlé, dit le père;
Tu deviendras grand, je l'espère.
Les deux frères riaient, mais le père reprit :
— Oui, beau cocher, et toi, mon sergent de bataille,
Il faut, quelque avenir que le destin vous taille,
Vouloir devenir grand, non pas grand par la taille,
Mais par le cœur et par l'esprit.

(Ratisbonne.

36. — C'est à moi.

Deux sœurs se disputaient une belle poupée :
— C'est la mienne ! — Du tout, te dis-je, elle est à moi :
Tu sais bien que la tienne a la tête coupée.
Et chacune tirait à soi.
Qu'arriva-t-il ? Hélas ! au bout d'une minute,
Cette belle poupée, objet de leur dispute,
Était arrachée en morceaux ;
Le son coulait à flots de son corps en lambeaux,
Et comme chacune s'entête,
Aux mains de toutes deux un morceau demeurant,
L'une eut les pieds, l'autre la tête,
Et voilà mes enfants pleurant.
A qui la poupée était-elle ?
Je ne sais pas, mais je sais bien
Ce que, sur le *mien*, sur le *tien*,
Avait rapporté la querelle.
Au lieu de : *C'est à moi*, dites donc : *C'est à nous*,
Enfants ; c'est plus utile, et surtout c'est plus doux.

(RATISBONNE.)

37. — Le Serin et la Fourmi.

Un serin, choyé dans sa cage,
Autour de ses barreaux voyait un étranger,
Pauvre moineau, qui cherchait à manger.
L'hiver avait raflé tout son petit ménage.
Le bon serin voulait le soulager ;
Mais il n'avait plus rien dans son garde-manger.

Il déplorait son indigence
Dans une triste doléance.
Comme il se lamentait, la fourmi l'entendit.
— Ah! dit-elle, mon fils, je vous l'avais prédit.
Par ma foi, vous n'êtes pas sage!
Force bon grain
A votre usage
Est mis en vain;
Sans aucun soin du lendemain,
Vous le jetez hors de la cage.
Pleurez, pleurez bien, mon enfant;
Apprenez par expérience
Qu'on ne peut être bienfaisant
Qu'en épargnant
Sur son aisance.

38. — Le petit Soldat.

On nous enseignera sous peu
L'exercice de l'arme à feu.
Ce n'est point un art difficile
Surtout pour un enfant docile.
En avant! mettons-nous en rang
Petit soldat deviendra grand.

Non, jamais le soldat n'a peur!
Sans crainte, il marche au champ d'honneur.
Faisons ainsi, car le courage
Chez le Français, n'attend point l'âge!
En avant! mettons-nous en rang;
Petit soldat deviendra grand!

Si, par malheur, les ennemis
Voulaient envahir le pays,
Nous serions tous à la frontière,
Enflammés d'une ardeur guerrière.
En avant! mettons-nous en rang!
Petit soldat deviendra grand!

(LINDEN.)

39. — Bergeronnette.

Pauvre petit oiseau des champs,
Inconstante bergeronnette,
Qui voltiges, vive et coquette,
Et qui siffles tes jolis chants;
Bergeronnette si gentille,
Qui tournes autour du troupeau,
Par les prés sautille, sautille,
Et mire-toi dans le ruisseau!
Va, dans tes gracieux caprices,
Becqueter la pointe des fleurs,
Ou poursuivre, aux pieds des génisses,
Les mouches aux vives couleurs.
Reprends tes jeux, bergeronnette,
Bergeronnette au vol léger;
Nargue l'épervier qui te guette:
Je suis là pour te protéger.
Si haut qu'il soit je puis l'abattre...
Petit oiseau, chante!... et demain,
Quand je marcherai, viens t'ébattre,
Près de moi, le long du chemin.

C'est ton doux chant qui me console ;
Et je n'ai d'autre ami que toi :
Bergeronnette, vole, vole,
Bergeronnette, devant moi !

(CH. DOVALLE.)

40. — Le Lérot et les deux Lézards.

Dès le retour de la froidure,
Deux petits lézards mécontents
S'étaient tapis au fond d'une vieille masure
Pour y dormir jusqu'au printemps.
— Hélas ! que mon destin m'afflige !
Disait l'un deux. Pourquoi faut-il que Jupiter
Nous emprisonne et nous oblige
A vivre engourdis tout l'hiver ?
Un habitant du voisinage,
Le lérot, au museau pointu,
Lui répondit en son langage :
— Mon ami, de quoi te plains-tu ?
De ton destin ? je le partage :
Ainsi que toi, l'hiver, cloué dans ma maison,
Je dors jusqu'au retour de la belle saison
Je tiens que c'est un avantage,
Et j'en suis fier avec raison.
Quand nous dormons, les bois sont privés de verdure ;
Les jardins sont flétris, les vergers sont déserts.
Tous les vents déchaînés se battent dans les airs,
La terre a perdu sa parure.

Le voile du sommeil nous cache ces tableaux;
Mais sitôt que les prés, les jardins, les berceaux
Reprennent leur éclat, leur beauté printanière,
Notre sommeil finit : c'est au chant des oiseaux
Que nous rouvrons notre paupière.
Mes chers voisins, soyez contents,
Et bénissons la destinée
Qui voulut que pour nous l'année
Fût un continuel printemps.
Les choses d'ici-bas quand on les envisage,
Ont toutes un revers dont on est moins flatté :
C'est être heureux, c'est être sage
Que de les voir du bon côté.

(JAUFFRET.)

41. — L'Enfant et le Miroir.

Un enfant élevé dans un pauvre village
Revint chez ses parents et fut surpris d'y voir
Un miroir.
D'abord il aime son image,
Et puis, par un travers bien digne d'un enfant,
Lui fait une grimace et le miroir la rend.
Alors son dépit est extrême ;
Il lui montre un poing menaçant,
Il se voit menacé de même.
Notre marmot fâché s'en vient, en frémissant,
Battre cette image insolente;
Il se fait mal aux mains. Sa colère en augmente,

Et, furieux, au désespoir,
Le voilà, devant ce miroir,
Criant, pleurant, frappant la glace.
Sa mère, qui survient, le console, l'embrasse,
Tarit ses pleurs, et doucement lui dit:
— N'as-tu pas commencé par faire la grimace
A ce méchant enfant qui cause ton dépit?
—Oui,—Regarde à présent : tu souris, il sourit;
Tu tends vers lui les bras, il te les tend de même;
Tu n'es plus en colère, il ne se fâche plus.
De la société tu vois ici l'emblème :
Le bien, le mal nous sont rendus.

(Florian.)

42. — Le Dindon.

Moi, je me pare,
Moi, je me carre ;
Moi, je suis gras et beau!
Ma plume est noire;
Mon dos de moire,
De rubis est mon jabot.
Voyez ma tête,
Ma rouge aigrette!
Voyez, admirez tout!
L'écho s'apprête,
Il vous répète
Mon solennel glouglou.
Ma queue est-elle
Fournie et belle!

Voyez, c'est un soleil.
  Tout brille et tremble :
  Que vous en semble ?
Suis-je pas sans pareil ?
  Elle frissonne ;
  Elle rayonne,
Ma plume de velours !
  Faites-moi place,
  Et que je passe
Triomphant dans ma cour.

(Mlle MONTGOLFIER.)

43. — Le Hanneton.

Hanneton qui sur tes ailes
Nous amènes le printemps,
C'est toi qui sais des nouvelles
Du muguet et du beau temps.
  Dis-nous si les prés
  De fleurs sont parés ;
  Dis-nous si les bois
  Ont repris leur voix.
  Dis si les oiseaux
    Ont des chants nouveaux,
    Si le rossignol
    Dit : « Fa, ré, mi, sol ! »
  Viens, apporte dans la ville
  Tes joyeux bourdonnements ;
  Pauvre étourdi, sois tranquille,
  Va, ne crains rien des enfants ;

Car j'ai respecté
Ton jour de gaîté;
J'ai tant de plaisir
A pouvoir courir!
Vole en tournoyant,
Vole en bourdonnant,
Vole en rayonnant
Au soleil couchant,
Hanneton, qui sur tes ailes
Nous apportes le printemps.

(Mlle MONTGOLFIER.)

44. — Les Lunettes.

Jules s'ennuyait bien,
Car il ne savait rien,
Pas même lire!
Un jour qu'il était seul et ne pouvait pas rire,
Il se dit : « Voyons donc, je m'en vais voir un peu,
Puisque je ne sais pas quoi faire,
La belle histoire que grand'mère
Lisait hier dans le livre bleu. »
Il va donc chercher dans l'armoire
Ce livre, et puis l'ouvre tout grand;
Mais, bernique! où donc est l'histoire?
Il ne voit rien que noir et blanc.
— Ah! je sais : sur mes yeux je n'ai pas mis de verre
Comme grand'mère :
Voilà pourquoi je ne puis voir.
Et de sa grand'maman il cherche les lunettes,

Les frotte, pour les rendre nettes,
Avec le coin de son mouchoir,
Regarde encore, change de page;
Mais d'histoire pas davantage!
Sa mère entre et lui dit:—Grand'mère a mal aux yeux;
Toi, mon enfant, ton mal, c'est d'être paresseux.
Il faut apprendre à lire et tu verras l'histoire
Sans lunettes, tu peux me croire,
Rien qu'avec tes yeux bleus.

(Ratisbonne.)

45. — Le Renard et la Cigogne.

Compère le renard se mit un jour en frais,
Et retint à dîner commère la cigogne.
Le régal fut petit et sans beaucoup d'apprêts :
Le galant, pour toute besogne,
Avait un brouet clair : il vivait chichement.
Ce brouet fut par lui servi sur une assiette;
La cigogne au long bec n'en put attraper miette,
Et le drôle eut lapé le tout en un moment.

Pour se venger de cette tromperie,
A quelque temps de là, la cigogne le prie.
— Volontiers, lui dit-il, car avec mes amis
Je ne fais point cérémonie.
A l'heure dite, il courut au logis
De la cigogne, son hôtesse,
Loua très fort sa politesse,
Trouva le dîner cuit à point :
Bon appétit surtout, renards n'en manquent point.

Il se réjouissait à l'odeur de la viande
Mise en menus morceaux et qu'il croyait friande.
On servit, pour l'embarrasser,
En un vase à long col et d'étroite embouchure.
Le bec de la cigogne y pouvait bien passer,
Mais le museau du sire était d'autre mesure.
Il lui fallut à jeûn retourner au logis,
Honteux comme un renard qu'une poule aurait pris,
Serrant la queue et portant bas l'oreille.

(La Fontaine.)

46. — Le Grillon.

Un pauvre petit grillon
Caché dans l'herbe fleurie
Regardait un papillon
Voltigeant dans la prairie.
L'insecte ailé brillait des plus vives couleurs;
L'azur, la pourpre et l'or éclataient sur ses ailes;
Jeune, beau, petit-maître, il court de fleurs en fleurs
Prenant et quittant les plus belles.
— Ah! disait le grillon, que son sort et le mien
Sont différents! Dame Nature
Pour lui fit tout, et pour moi rien.
Je n'ai point de talent, encor moins de figure;
Nul ne prend garde à moi, l'on m'ignore ici-bas:
Autant vaudrait n'exister pas.
Comme il parlait, dans la prairie
Arrive une troupe d'enfants:
Aussitôt les voilà courants
Après ce papillon dont ils ont tous envie.

Chapeaux, mouchoirs, bonnets servent à l'attraper.
L'insecte vainement cherche à leur échapper,
Il devient bientôt leur conquête.
L'un le saisit par l'aile, un autre par le corps;
Un troisième survient et le prend par la tête.
Il ne fallait pas tant d'efforts
Pour déchirer la pauvre bête.
— Oh! oh! dit le grillon, je ne suis plus fâché :
Il en coûte trop cher pour briller dans le monde.
Combien je vais aimer ma retraite profonde!
Pour vivre heureux, vivons caché.

(FLORIAN.)

47. — Le Loup et l'Agnēau.

La raison du plus fort est toujours la meilleure :
Nous l'allons montrer tout à l'heure.

Un agneau se désaltérait
Dans le courant d'une onde pure.
Un loup survient à jeûn, qui cherchait aventure
Et que la faim en ces lieux attirait.
— Qui te rend si hardi de troubler mon breuvage?
Dit cet animal plein de rage :
Tu seras châtié de ta témérité.
— Sire, répond l'agneau, que Votre Majesté
Ne se mette pas en colère;
Mais plutôt qu'elle considère
Que je me vas désaltérant
Dans le courant

Plus de vingt pas au-dessous d'elle.
Et que, par conséquent, en aucune façon,
Je ne puis troubler sa boisson.
— Tu la troubles! reprit cette bête cruelle;
Et je sais que de moi tu médis l'an passé.
— Comment l'aurais-je fait si je n'étais pas né?
Reprit l'agneau; je tette encore ma mère.
— Si ce n'est toi, c'est donc ton frère.
— Je n'en ai point. — C'est donc quelqu'un des tiens,
Car vous ne m'épargnez guère,
Vous, vos bergers et vos chiens.
On me l'a dit; il faut que je me venge.
Là-dessus au fond des forêts
Le loup l'emporte et puis le mange,
Sans autre forme de procès.

(La Fontaine.)

33. — L'Enfant et le Chien.

Gabriel, l'écolier, l'espiègle personnage,
Et le gourmand surtout (on sait que de son âge
La gourmandise est le plus grand péché),
Dans une armoire, un jour, vit un gâteau caché.
Or, la tentation fut si forte, si forte,
Que d'une main furtive il entr'ouvrit la porte
Et saisit le gâteau. Du frauduleux repas
Médor seul fut témoin: Médor ne dormait pas.
Il garda le silence en âme charitable.
A quelque temps de là, flairant sur une table

Un pain que par hasard on venait d'oublier,
Médor s'en régala sans se faire prier.
Gabriel l'aperçut : — Voleur abominable!
Le bien que l'on dérobe, est-ce donc notre bien?
— C'est parler en Caton, lui répondit le chien ;
Mais je n'ai pas perdu mémoire
De certain gros gâteau pris dans certaine armoire...
Gabriel, tu rougis !... Écoute, Gabriel :
Veux-tu que tes conseils ne soient jamais frivoles?
Garde qu'à tes paroles
Ta conduite ne donne un démenti formel.»

(LACHAMBEAUDIE.)

49. — Le Château de cartes.

Un bon mari, sa femme et deux jolis enfants
Coulaient en paix leurs jours dans le simple ermitage,
Où, paisibles comme eux, vécurent leurs parents.
Ces époux, partageant les doux soins du ménage,
Cultivaient leur jardin, recueillaient leurs moissons ;
Et le soir, dans l'été, soupant sous le feuillage,
Dans l'hiver devant leurs tisons,
Ils prêchaient à leurs fils la vertu, la sagesse,
Leur parlaient du bonheur qu'ils procurent toujours;
Le père par un conte égayait ses discours,
La mère par une caresse.
L'aîné de ces enfants, né grave, studieux,
Lisait et méditait sans cesse ;
Le cadet, vif, léger, mais plein de gentillesse,
Sautait, riait toujours, ne se plaisait qu'aux jeux.

Un soir, selon l'usage, à côté de leur père,
Assis près d'une table où s'appuyait la mère,
L'aîné lisait Rollin ; le cadet, peu soigneux
D'apprendre les hauts faits des Romains ou des Parthes,
Employait tout son art, toutes ses facultés
A joindre, à soutenir par les quatre côtés
Un fragile château de cartes.
Il n'en respirait pas d'attention, de peur.
Tout à coup voici le lecteur
Qui s'interrompt : « Papa, dit-il, daignez m'instruire
Pourquoi certains guerriers sont nommés conquérants,
Et d'autres fondateurs d'empire :
Ces deux noms sont-ils différents? »
Le père méditait une réponse sage
Lorsque son fils cadet, transporté de plaisir,
Après tant de travail, d'avoir pu parvenir
A placer son second étage,
S'écrie : « Il est fini ! » Son frère murmurant,
Se fâche, et d'un seul coup détruit son long ouvrage,
Et voila le cadet pleurant.
« Mon fils, répond le père,
Le fondateur, c'est votre frère,
Et vous êtes le conquérant. »

(FLORIAN)

50. — Le Nid de fauvettes.

Je le tiens, ce nid de fauvette !
Ils sont deux, trois, quatre petits !
Depuis si longtemps je vous guette ;
Pauvres oiseaux, vous voilà pris !

Criez, sifflez, petits rebelles,
Débattez-vous; oh! c'est en vain :
Vous n'avez pas encore d'ailes.
Comment vous sauver de ma main?
Mais, quoi! n'entends-je point leur mère
Qui pousse des cris douloureux?
Oui, je le vois, oui, c'est leur père
Qui vient voltiger auprès d'eux.
Ah! pourrais-je causer leur peine,
Moi qui l'été, dans les vallons,
Venais m'endormir sous un chêne
Au bruit de leurs douces chansons?
Hélas! si du sein de ma mère
Un méchant venait me ravir,
Je le sens bien, dans sa misère,
Elle n'aurait plus qu'à mourir.
Et je serais assez barbare
Pour vous arracher vos enfants!
Non, non! que rien ne vous sépare;
Non, les voici, je vous les rends.
Apprenez-leur, dans le bocage,
A voltiger auprès de vous :
Qu'ils écoutent votre ramage
Pour former des sons aussi doux;
Et moi, dans la saison prochaine,
Je reviendrai dans les vallons
Dormir quelquefois sous un chêne
Au bruit de leurs jeunes chansons.

(Berquin)

51. — La Feuille.

Point de jours arides
Pour ton beau destin;
Sur ton vert satin,
Une brise humide
Verse en eau limpide
Les pleurs du matin.

Mais le printemps passe;
L'été qui le suit
Pour mûrir le fruit,
Réchauffe l'espace :
Ta couleur s'efface
Et ton éclat fuit.

Puis l'automne achève
Sa jaune moisson;
De son aquilon
Qui, bruyant, s'élève,
Le souffle t'enlève
Dans son tourbillon.

Ainsi notre vie,
Jouet du destin,
Forte en son matin,
Le soir affaiblie
Par le temps flétrie,
Doit trouver sa fin.

(Théodore Lebreton.)

52. — L'Oiseau-Mouche

Il est si petit qu'il se perd
Quand du soir souffle la risée;
Par une goutte il est couvert,
Par une goutte de rosée.

Du chasseur il brave le plomb,
Car où l'atteindre! il est si frêle
Et si léger qu'un cheveu blond
Pèse plus à l'air que son aile.

Il s'endort au milieu des fleurs
Quand il vole de tige en tige;
Avec son chant et ses couleurs
Il semble une fleur qui voltige.

Il voit pâlir son vermillon,
Si la main d'un enfant le touche;
Il est moins grand qu'un papillon.
Un peu moins petit qu'une mouche.

(Léon Gozlan).

53. — Le Rossignol et le Prince.

Un jeune prince avec son gouverneur,
Se promenait dans un bocage,
Et s'ennuyait, suivant l'usage;
C'est le profit de la grandeur.
Un rossignol chantait sous le feuillage,
Le prince l'aperçoit et le trouve charmant;

Et, comme il était prince, il veut, dans le moment,
L'attraper et le mettre en cage.
Mais, pour le prendre, il fait du bruit,
Et l'oiseau s'enfuit...
Pourquoi donc, dit son altesse en colère,
Le plus aimable des oiseaux
Se tient-il dans les bois, farouche et solitaire,
Tandis que mon palais est rempli de moineaux ?
— C'est, lui dit le mentor, afin de vous instruire
De ce qu'un jour vous devez éprouver ;
Les sots savent tous se produire ;
Le mérite se cache, il faut l'aller trouver.

(FLORIAN.)

54. — L'Ane qui joue de la flûte.

Un âne, en broutant ses chardons,
Regardait un pasteur jouant, sous le feuillage,
D'une flûte dont les doux sons
Attiraient et charmaient les bergers du bocage.
Cet âne mécontent disait : — Ce monde est fou !
Les voilà tous, bouche béante,
Admirant un grand sot qui sue et se tourmente
A souffler dans un petit trou.
C'est par de tels efforts qu'on parvient à leur plaire,
Tandis que moi... Suffit !... Allons-nous-en d'ici,
Car je me sens trop en colère.
Notre âne, en raisonnant ainsi,
Avance quelques pas, lorsque sous la fougère,

Une flûte oubliée en ces champêtres lieux
Se trouve sous ses pieds. Notre âne se redresse,
Sur elle de côté fixe ses deux gros yeux;
Une oreille en avant, lentement il se baisse,
Applique son naseau sur le pauvre instrument,
Et souffle tant qu'il peut. O hasard incroyable!
Il en sort un son agréable.
L'âne se croit un grand talent,
Et, tout joyeux, s'écrie en faisant la culbute :
— Eh! je joue aussi de la flûte!

(FLORIAN.)

55. — Le Danseur de corde et le Balancier

Sur la corde tendue un jeune voltigeur
Apprenait à danser, et déjà son adresse,
Ses tours de force, sa souplesse,
Faisaient venir maint spectateur.
Sur son étroit chemin on le voit qui s'avance,
Le balancier en main, l'air libre, le corps droit,
Hardi, léger autant qu'adroit;
Il s'élève, descend, va, vient, plus haut s'élance,
Retombe, remonte en cadence,
Et, semblable à certains oiseaux
Qui rasent en volant la surface des eaux,
Son pied touche, sans qu'on le voie,
A la corde qui plie et dans l'air le renvoie.
Notre jeune danseur, tout fier de son talent,
Dit un jour: — A quoi bon ce balancier pesant

Qui me fatigue et m'embarrasse?
Si je dansais sans lui, j'aurais bien plus de grâce,
De force et de légèreté.
Aussitôt fait que dit. Le balancier jeté,
Notre étourdi chancelle, étend les bras et tombe.
Il se cassa le nez, et tout le monde en rit.

Jeunes gens, jeunes gens, ne vous a-t-on pas dit
Que sans règle et sans frein tôt ou tard on succombe?
La vertu, la raison, les lois, l'autorité,
Dans vos désirs fougueux vous causent quelque peine:
C'est le balancier qui vous gêne,
Mais qui fait votre sûreté.

(FLORIAN.)

56. — La Petite Fille et son Chat.

— Venez ici, Minet; il faut que je vous gronde;
Avancez près de moi.
On dit que sans pitié vous griffez tout le monde:
C'est très joli, ma foi!
D'où venez-vous encore avec cet air sauvage,
Et ce poil hérissé?
Avez-vous de souris fait un nouveau carnage?
Arrivez-vous blessé?
Ou bien, sur mes cahiers répandant l'écritoire,
Auriez-vous en courant
Tracé, dans ses détours, une rivière noire
Sur mon beau papier blanc?
Voyons répondez-moi, je suis douce personne
Dites-moi vos méfaits:

Je ne gronderai pas, Minet ; je vous pardonne
Ces terribles forfaits !
Eh quoi ! pas un regard ! pas même une caresse !
Vous êtes un sournois.
Moi qui vantais partout vos tours de gentillesse,
Votre joli minois !...
Que vois-je près de vous rouler dans la poussière?
Ciel ! mon oiseau chéri !
Quoi ! vous avez tué d'une dent meurtrière
Mon charmant favori ?
Celui qui m'égayait par son gentil ramage,
Dont vous étiez jaloux,
A péri tristement enlevé de sa cage !
Ah ! c'en est fait de vous !
Allez, ce trait cruel vous ravit ma tendresse !
Je voulais pardonner ;
Mais mon cœur, attristé de votre humeur traîtresse,
Dit qu'il faut condamner.
Fuyez, fuyez bien loin, redoutez ma présence ;
Je ne veux plus vous voir ;
Et de ne plus jamais juger sur l'apparence
Je me fais un devoir.

(Mlle Isabelle RODIER.)

57. — La Laitière et le Pot au lait.

Perrette, sur sa tête ayant un pot au lait
Bien posé sur un coussinet,
Prétendait arriver sans encombre à la ville.

Légère et court vêtue, elle allait à grands pas,
Ayant mis ce jour-là, pour être plus agile,
Cotillon simple et souliers plats.
Notre laitière ainsi troussée
Comptait déjà dans sa pensée
Tout le prix de son lait; en employait l'argent:
Achetait un cent d'œufs, faisait triple couvée;
La chose allait à bien par son soin diligent.
—Il m'est, disait-elle, facile
D'élever des poulets autour de ma maison;
Le renard sera bien habile
S'il ne m'en laisse assez pour avoir un cochon.
Le porc à s'engraisser coûtera peu de son :
Il était, quand je l'eus, de grosseur raisonnable;
J'aurai, le revendant, de l'argent bel et bon.
Et qui m'empêchera de mettre en notre étable,
Vu le prix dont il est, une vache et son veau,
Que je verrai sauter au milieu du troupeau?
Perrette, là-dessus, saute aussi, transportée :
Le lait tombe; adieu veau, vache, cochon, couvée;
La dame de ces biens, quittant d'un œil marri
Sa fortune ainsi répandue,
Va s'excuser à son mari,
En grand danger d'être battue.

Le récit en farce en fut fait :
On l'appela le *Pot au lait*.

(La Fontaine.)

58. — A un enfant.

Après vos sœurs et votre mère,
Enfant au cœur tendre, soumis,
Que la nature vous soit chère,
Les champs sont vos meilleurs amis,
Aimez donc les bois, la fontaine,
L'étang bordé de longs roseaux,
Les petites fleurs, le grand chêne
Tout peuplé de joyeux oiseaux.
L'air parle sous sa fraîche voûte;
Le nid chanteur, dès son réveil,
Au petit enfant qui l'écoute
Donne toujours un bon conseil.
Jouez sous le chêne robuste,
Et vous grandirez comme lui;
Et vous-même, d'un jeune arbuste
Quelque jour vous serez l'appui.
Imitez les grands bras du chêne
Luttant contre le vent du nord;
Endurcissez-vous à la peine :
Par elle vous deviendrez fort.
Loin de vous une enfance molle!
Du laboureur, du bûcheron
Suivez, enfant, la rude école;
L'homme fort peut seul être bon

(V. de Laprade.)

59. — **Les Harangues.**

Certain jour, le bon roi Henri,
Revenant d'assez long voyage,
Allait entrer à Montlhéri.
Et vite, et vite, à son passage,
Accourent tous les habitants ;
Le curé s'est mis à leur tête ;
A le haranguer il s'apprête ;
Mais n'ayant eu que peu d'instants
Pour préparer ce qu'il doit dire,
Il se présente et lui dit : « Sire,
Les habitants de Montlhéri
Sont charmés de vous voir ici.
— Bien, dit le vainqueur de la Ligue,
Votre harangue me plaît fort ;
Mais je voudrais l'entendre encor ;
Bis, si cela ne vous fatigue.
— Point du tout, Sire ; » et sur-le-champ,
D'une voix plus ferme et plus nette,
Notre bon curé lui répète
Son court et naïf compliment.
« Encore mieux ! dit le roi, j'ordonne
Que pour ses indigents l'on donne
Cent écus au digne pasteur.
— *Bis*, Sire, répond l'orateur.
— Ventre-saint-gris ! j'aime cet homme,
Eh bien, soit. Je double la somme. »
Dit le monarque en riant.

pour terminer mon histoire,
Le roi, le curé, l'auditoire,
Tout le monde s'en fut content.

***

60. — L'Aveugle et le Paralytique.

Aidons-nous mutuellement,
La charge des malheurs en sera plus légère :
Le bien que l'on fait à son frère,
Pour le mal que l'on souffre est un soulagement.
Confucius l'a dit; suivons tous sa doctrine.
Pour la persuader aux peuples de la Chine,
Il leur contait le trait suivant :
Dans une ville de l'Asie,
Il existait deux malheureux,
L'un perclus, l'autre aveugle, et pauvres tous les deux,
Ils demandaient au ciel de terminer leur vie ;
Mais leurs vœux étaient superflus :
Ils ne pouvaient mourir. Notre paralytique,
Couché sur un grabat, dans la place publique,
Souffrait sans être plaint : il en souffrait bien plus.
L'aveugle à qui tout pouvait nuire,
Était sans guide et sans soutien,
Sans avoir même un pauvre chien,
Pour l'aimer et pour le conduire.
Un certain jour il arriva
Que l'aveugle à tâtons, au détour d'une rue,
Près du malade se trouva ;
Il entendit ses cris ; son âme en fut émue.

Il n'est tels que les malheureux
Pour se plaindre les uns les autres.
— J'ai mes maux, lui dit-il, et vous avez les vôtres:
Unissons-les, mon frère, ils seront moins affreux.
— Hélas ! dit le perclus, vous ignorez, mon frère,
Que je ne puis faire un seul pas ;
Vous-même vous n'y voyez pas :
A quoi nous servirait d'unir notre misère?
— A quoi? répond l'aveugle ; écoutez : à nous deux
Nous possédons le bien à chacun nécessaire ;
J'ai des jambes et vous des yeux.
Moi, je vais vous porter ; vous, vous serez mon guide :
Vos yeux dirigeront mes pas mal assurés ;
Mes jambes, à leur tour, iront où vous voudrez.
Ainsi, sans que jamais notre amitié décide
Qui de nous deux remplit le plus utile emploi,
Je marcherai pour vous, vous y verrez pour moi.

(Florian.)

61. — Le Fuseau de la Grand'Mère.

Ah ! le bon temps qui s'écoulait
Dans le moulin de mon grand-père !
Pour la veillée on s'assemblait
Près du fauteuil de ma grand'mère ;
Ce que grand-père racontait,
Comme en silence on l'écoutait !
Et comme alors gaîment trottait
Le vieux fuseau de ma grand'mère !

Comme il trottait!
Et quel bon temps! quel temps c'était!

Grand-père était un vieux bonhomme,
Il avait bien près de cent ans;
Tout était vieux sous son vieux chaume,
Hors les enfants de ses enfants :
Vieux vin dans de vieilles armoires,
Vieille amitié, douce toujours!
Vieilles chansons, vieilles histoires,
Vieux souvenirs des anciens jours!

Grand'mère était la gaîté même;
On la trouvait toujours riant;
Depuis le jour de son baptême
Elle riait en s'éveillant.
De sa maison, riant asile,
Elle était l'âme : aussi, depuis
Que son fuseau reste immobile,
On ne rit plus dans le pays.

Le vieux moulin de mon grand-père
Tout comme lui s'est abattu;
Le vieux fuseau de ma grand'mère
A la muraille est suspendu.
Et vous, couchés sous l'herbe épaisse,
Comme au vieux temps encore unis,
Je crois vous voir quand le jour baisse,
Et tout en larmes je redis :

Ah! le bon temps qui s'écoulait,
Dans le moulin de mon grand-père!

Pour la veillée on s'assemblait
Près du fauteuil de ma grand'mère ;
Ce que grand-père racontait,
Comme en silence on l'écoutait !
Et comme alors gaîment trottait
Le vieux fuseau de ma grand'mère !
    Comme il trottait !
Et quel bon temps ! quel temps c'était !

(Édouard Plouvier.)

62. — Les Châteaux en Espagne.

On peut bien quelquefois se flatter dans la vie :
J'ai, par exemple, hier, mis à la loterie,
Et mon billet enfin pourrait bien être bon.
Je conviens que cela n'est pas certain, oh ! non ;
Mais la chose est possible, et cela doit suffire.
Puis, en me le donnant, on s'est mis à sourire
Et l'on m'a dit : « Prenez, car c'est là le meilleur. »
Si je gagnais pourtant le gros lot, quel bonheur !
J'achèterais d'abord une ample seigneurie ...
Non, plutôt une bonne et grasse métairie ;
Oh ! oui, dans ce canton ... j'aime ce pays-ci ;
Et Justine d'ailleurs me plaît beaucoup aussi.
Ma foi, j'aime déjà ma ferme à la folie.
Moi, gros fermier ! j'aurai ma basse-cour remplie
De poules, de poussins que je verrai courir ;
De mes mains chaque jour je prétends les nourrir.

C'est un coup d'œil charmant, et puis cela rapporte.
Quel plaisir quand, le soir, assis devant ma porte,
J'entendrai le retour de mes moutons bêlants,
Que je verrai de loin revenir à pas lents
Mes chevaux vigoureux, et mes belles génisses !
Ils sont nos serviteurs, elles sont nos nourrices ;
Et mon petit Victor sur son âne monté,
Fermant la marche avec un air de dignité !
Je serai plus heureux que le roi sur son trône.
Je serai riche, riche, et je ferai l'aumône.
Tout bas, sur mon passage, on se dira : « Voilà
Ce bon monsieur Victor. » Cela me touchera.
Je puis bien m'abuser ; mais ce n'est pas sans cause.
Mon projet est au moins fondé sur quelque chose :
Sur un billet. Je veux revoir ce cher... Eh ! mais...
Où donc est-il ? tantôt encore je l'avais.
Depuis quand ce billet est-il donc invisible ?
Ah ! l'aurais-je perdu ? Serait-il bien possible ?
Mon malheur est certain : me voilà confondu,
Que vais-je devenir ? hélas ! j'ai tout perdu.

(COLLIN D'HARLEVILLE)

63. — Le Travail

Mes enfants, il faut qu'on travaille ;
Il faut tous, dans le droit chemin,
Faire un métier, vaille que vaille,
Ou de l'esprit ou de la main.

La fleur travaille sur la branche,
Le lis, dans toute sa splendeur,
Travaille à sa tunique blanche,
L'oranger à sa douce odeur.

Voyez cet oiseau qui voltige
Vers ces brebis, sur ces buissons.
N'a-t-il rien qu'un joyeux vertige
Ne songe-t-il qu'à ses chansons ?

Il songe aux petits qui vont naître
Et leur prépare un nid bien doux ;
Il travaille, il souffre peut-être,
Comme un père l'a fait pour vous.

Ce bon cheval qui vous ramène
Sur les sentiers grimpants des bois,
Croyez-vous qu'il n'ait point de peine
A vous porter quatre à la fois ?

Et pourtant c'est comme une fête
Lorsqu'il vous sent tous sur son dos,
Les autres jours, la pauvre bête
Traîne de bien plus lourds fardeaux.

Entendez crier la charrue
Tout près de vous, là dans ce champ ;
Voyez l'attelage qui sue
Et qui fume au soleil couchant.

Ils y vont de toutes leurs forces,
Et de la tête et du poitrail,
Ces deux grands bœufs aux jambes torses.
Certes, c'est là du bon travail !

Là-bas, le chien court, aboie,
Et poursuit brebis et béliers...
Croyez-vous que c'est de la joie ?
Qu'il folâtre sous les haliers ?

Il va, grondé, battu peut-être;
De l'un à l'autre en s'essoufflant;
Il va, sur un signe du maître,
Rassembler le troupeau bêlant.

Mais qui bourdonne à mes oreilles ?
Regardez bien : vous pourrez voir
Nos chères petites abeilles
Qui butinent dans le blé noir.

C'est pour vous que ces ouvrières
Travaillent de tous les côtés ;
Sur les jasmins, sur les bruyères,
Elles vont cueillir vos goûters.

Il n'est point de peine perdue
Et point d'inutile devoir ;
La récompense nous est due,
Et nous savons bien la vouloir.

Le moindre effort l'accroît sans cesse,
Surtout s'il a fallu souffrir.
Travaillez donc, et sans faiblesse :
Ne plus travailler c'est mourir.

(V. de Laprade.)

64. — Chant de l'Oiseau.

Je suis le compagnon
Du pauvre bûcheron.

Je le suis en automne,
Au vent des premiers froids
Et c'est moi qui lui donne
Le dernier chant des bois.

Il est triste, et je chante
Sous mon deuil mêlé d'or.
Dans la brume pesante
Je vois l'azur encor.

Que ce chant te relève,
Et te garde l'espoir !
Qu'il te berce d'un rêve,
Et te ramène au soir !

Mais quand vient la gelée,
Je frappe à ton carreau ;
Il n'est plus de feuillée
Prends pitié de l'oiseau !

C'est ton ami d'automne
Qui revient près de toi.
Le ciel, tout m'abandonne...
Bûcheron, ouvre-moi !

Qu'en ce temps de disette,
Le petit voyageur,

Régalé d'une miette,
S'endorme à ta chaleur!

Je suis le compagnon
Du pauvre bûcheron.

(JULES MICHELET.)

65. — L'Anon.

— Oh ! quand je serai grand, que je m'amuserai!
Quel plaisir d'être libre et d'agir à sa tête!
J'irai, je viendrai, je courrai;
Je veux voir du pays et je voyagerai;
Tous mes jours seront jours de fête.
Au lieu de rester là, tristement attaché
Et réduit à brouter dans cette étroite sphère,
Ainsi que mon père et ma mère,
J'irai fièrement au marché.
Mes paniers sur mon dos, agitant ma sonnette,
Chacun m'admirera. — Voyez-vous, dira-t-on,
Comme il a l'oreille bien faite!
Quel jarret ferme, et quel air de raison!
C'est une créature, en vérité, parfaite;
Le voilà maintenant âne, et non plus ânon...
On est quelqu'un, on peut hausser le ton;
Quel bonheur d'être grand! tout devient jouissance,
Ce qu'on dit a de l'importance,
Et l'on n'est plus traité comme un petit garçon.
Ainsi, dans sa pauvre cervelle,
Raisonnait un jeune grison,
Tout en broutant l'herbe nouvelle.

Le jour qu'il désirait à la fin arriva ;
Il devint grand; mais il trouva
Qu'il n'avait pas bien fait son compte.
Lorsqu'il sentit les paniers sur son dos :
— Oh ! oh ! dit-il, voici de lourds fardeaux;
Mon allure, avec eux, ne sera pas très prompte.
A peine achevait-il ce mot,
Qu'un coup de fouet le force à partir au grand trot.
La chose lui parut fort dure :
Il vit bien qu'il fallait renoncer à l'espoir
De n'agir qu'à son gré du matin jusqu'au soir,
De se complaire en son allure,
Et de dire : *Je veux*, à toute la nature.
Grands, petits, pensa-t-il, ont chacun leur devoir.
J'en ai douté dans mon enfance ;
Mais je vois trop que, tout de bon,
Le courage et la patience
Sont utiles à l'âne, encor plus qu'à l'ânon
Moi, mes amis, je crois en somme
Que ce baudet avait raison,
Et que ce qu'il pensait peut s'appliquer à l'homme.

(Laurent de Jussieu.)

66. — Un voyageur égaré dans les neiges du Saint-Bernard.

La neige au loin accumulée
En torrents épaissis tombe du haut des airs
Et, sans relâche amoncelée,
Couvre du Saint-Bernard les vieux sommets déserts.

Plus de route, tout est barrière.
L'ombre accourt ; et déjà, pour la dernière fois,
Sur la cime inhospitalière,
Dans les vents de la nuit l'aigle a jeté sa voix.
A ce cri, d'effroyable augure,
Le voyageur transi n'ose plus faire un pas ;
Mourant et vaincu de froidure,
Au bord d'un précipice il attend le trépas.
Là, dans sa dernière pensée,
Il songe à son épouse, il songe à ses enfants :
Sur sa couche affreuse et glacée,
Cette image a doublé l'horreur de ses tourments.
C'en est fait : son heure dernière
Se mesure pour lui dans ces terribles lieux.
Et, chargeant sa froide paupière,
Un funeste sommeil déjà cherche ses yeux.
Soudain, ô surprise, ô merveille !
D'une cloche il a cru reconnaître le bruit ;
Le bruit augmente à son oreille ;
Une clarté subite a brillé dans la nuit.
Tandis qu'avec peine il écoute,
A travers la tempête un autre bruit s'entend :
Un chien jappe et, s'ouvrant la route,
Suivi d'un solitaire, approche au même instant.
Le chien, en aboyant de joie,
Frappe du voyageur les regards éperdus ;
La mort laisse échapper sa proie,
Et la charité compte un miracle de plus.

(Chênedollé).

67. — Le Singe qui montre la lanterne magique.

Un homme qui montrait la lanterne magique
Avait un singe dont les tours
Attiraient chez lui grand concours :
Jacqueau (c'était son nom) sur la corde élastique
Dansait et voltigeait au mieux,
Puis faisait le saut périlleux,
Et puis sur un cordeau, sans que rien le soutienne,
Le corps droit, fixe et d'aplomb,
Notre Jacqueau fait tout du long
L'exercice à la prussienne.
Un jour qu'au cabaret son maître était resté
(C'était, je pense, un jour de fête),
Notre singe en liberté
Veut faire un coup de sa tête.
Il s'en va rassemblant les divers animaux
Qu'il peut rencontrer dans la ville :
Chiens, chats, poulets, pourceaux,
Arrivent bientôt à la file.
— Entrez, entrez, Messieurs, criait notre Jacqueau ;
C'est ici, c'est ici qu'un spectacle nouveau
Va vous charmer gratis. Oui, Messieurs, à la porte
On ne prend point d'argent : je fais tout pour l'honneur !
A ces mots, chaque spectateur
Va se placer, et l'on apporte
La lanterne magique ; on ferme les volets,
Et par un discours fait exprès,

Jacqueau prépare l'auditoire.
Ce morceau vraiment oratoire
Fit bâiller, mais on applaudit.
Content de son succès, notre singe saisit
Un verre peint, qu'il met dans la lanterne.
Il sait comment on le gouverne,
Et crie en le poussant : « Est-il rien de pareil ?
Messieurs, vous voyez le soleil,
Ses rayons et toute sa gloire.
Voici présentement la lune, et puis l'histoire
D'Adam, d'Ève et des animaux...
Voyez, Messieurs, comme ils sont beaux !
Voyez la naissance du monde ;
Voyez... » Les spectateurs, dans une nuit profonde,
Écarquillaient leurs yeux et ne pouvaient rien voir :
L'appartement, le mur, tout était noir.
— Ma foi, disait un chat, de toutes les merveilles
Dont il étourdit nos oreilles
Le fait est que je ne vois rien.
— Ni moi non plus, disait un chien.
— Moi, disait un dindon, je vois bien quelque chose
Mais je ne sais pour quelle cause
Je ne distingue pas bien.
Pendant tout ce discours, le Cicéron moderne
Parlait éloquemment et ne se lassait point.
Il n'avait oublié qu'un point,
C'était d'éclairer sa lanterne.

(Florian.)

68. — Le Chien coupable.

— Mon frère, sais-tu la nouvelle ?
Mouflar, le bon Mouflar, de nos chiens le modèle,
Si redouté des loups, si soumis au berger,
Mouflar vient, dit-on, de manger
Le petit agneau noir, puis la brebis sa mère,
Et puis sur le berger, s'est jeté furieux.
— Serait-il vrai ? — Très vrai, mon frère.
— A qui donc se fier ? grands dieux !
C'est ainsi que parlaient deux moutons dans la plaine,
Et la nouvelle était certaine.
Mouflar, sur le fait même pris,
N'attendait plus que le supplice,
Et le fermier voulait qu'une prompte justice
Effrayât les chiens du pays.
La procédure en un jour est finie.
Mille témoins pour un déposent l'attentat;
Récolés, confrontés, aucun d'eux ne varie ;
Mouflar est convaincu du triple assassinat :
Mouflar recevra donc deux balles dans la tête
Sur le lieu même du délit.
A son supplice qui s'apprête
Toute la ferme se rendit.
Les agneaux de Mouflar demandèrent la grâce;
Elle fut refusée. On leur fit prendre place;
Les chiens se rangèrent près d'eux,
Tristes, humiliés, mornes, l'oreille basse,
Plaignant, sans l'excuser. leur frère malheureux.

Tout le monde attendait dans un profond silence.
Mouflard paraît bientôt, conduit par deux pasteurs.
Il arrive, et, levant au ciel ses yeux en pleurs,
Il harangue ainsi l'assistance :
— O vous, qu'en ce moment je n'ose et je ne puis
Nommer, comme autrefois, mes frères, mes amis,
Témoins de mon heure dernière,
Voyez où peut conduire un coupable désir :
De la vertu quinze ans j'ai suivi la carrière;
Un faux pas m'en a fait sortir.
Apprenez mes forfaits : au lever de l'aurore,
Seul auprès du grand bois je gardais le troupeau;
Un loup vient, emporte un agneau,
Et, tout en fuyant, le dévore.
Je cours, j'atteins le loup, qui, laissant son festin,
Vient m'attaquer : je le terrasse,
Et je l'étrangle sur la place.
C'était bien jusque-là; mais, pressé par la faim,
De l'agneau dévoré je regarde le reste;
J'hésite, je balance..... A la fin cependant
J'y porte une coupable dent :
Voilà de mes malheurs l'origine funeste!
La brebis vient dans cet instant,
Elle jette des cris de mère....
La tête m'a tourné : j'ai craint que la brebis
Ne m'accusât d'avoir assassiné son fils,
Et, pour la forcer à se taire,
Je l'égorge dans ma colère.
Le berger accourait, armé de son bâton :

N'espérant plus aucun pardon,
Je me jette sur lui; mais bientôt on m'enchaîne,
Et me voici prêt à subir
De mes crimes la juste peine.
Apprenez tous du moins en me voyant mourir,
Que la plus légère injustice
Aux forfaits les plus grands peut conduire d'abord,
Et que dans le chemin du vice,
On est au fond du précipice
Dès qu'on met un pied sur le bord.

(Florian.)

69. — Le Phare.

Salut, phare ! debout sur l'Océan qui gronde,
Imposant dans ta majesté
Comme un autre soleil tu jettes sur le monde
Une éblouissante clarté.
En vain autour de toi l'écho profond répète
Les souffles orageux de l'air ;
En vain autour de toi l'aile de la tempête
Ombre le ciel, gonfle la mer ;
En vain de ses éclats le tonnerre crevasse
Les bords de l'horizon fumant ;
En vain l'ouragan sombre épouvante l'espace
D'un colossal rugissement ;
Ton front prodigieux domine les orages ;
Et ta fière sécurité
Dédaigne tous les cris avec toutes les rages.
O phare ! ô sainte liberté !

(A. Carcassonne.)

70. — L'Écolier.

Un tout petit enfant s'en allait à l'école.
On avait dit: Allez! il tâchait d'obéir;
Mais son livre était lourd; il ne pouvait courir:
Il pleure et suit des yeux une abeille qui vole.
— Abeille, lui dit-il, voulez-vous me parler?
Moi, je vais à l'école... il faut apprendre à lire.
Mais le maître est tout noir, et je n'ose pas rire.
Voulez-vous rire, abeille, et m'apprendre à voler?
— Non, dit-elle, j'arrive et je suis très pressée.
J'avais froid; l'aquilon m'a longtemps oppressée.
Enfin j'ai vu les fleurs; je redescends du ciel,
Et je vais commencer mon doux rayon de miel,
Voyez! j'en ai déjà puisé dans quatre roses:
Avant une heure encor nous en aurons d'écloses.
Vite, vite à la ruche. On ne rit pas toujours:
C'est pour faire le miel qu'on nous rend les beaux jours. »
Elle fuit, et se perd sur la route embaumée.
Le frais lilas sortait d'un vieux mur entr'ouvert;
Il saluait l'aurore, et l'aurore charmée
Se montrait sans nuage et riait de l'hiver.
Une hirondelle passe; elle effleure la joue
Du petit nonchalant, qui s'attriste et qui joue,
Et, dans l'air suspendue, en redoublant sa voix,
Fait tressaillir l'écho qui dort au fond des bois.
— Oh! bonjour, dit l'enfant, qui se souvenait d'elle.
Je t'ai vue à l'automne; oh! bonjour, hirondelle!

Viens! tu portais bonheur à ma maison, et moi
Je voudrais du bonheur : veux-tu m'en donner, toi ?
Jouons ! — Je le voudrais, répond la voyageuse ;
Car je respire à peine et je me sens joyeuse.
Mais j'ai beaucoup d'amis qui doutent du printemps;
Ils rêveraient ma mort si je tardais longtemps.
Oh ! je ne puis jouer. Pour finir leur souffrance,
J'emporte un brin de mousse en signe d'espérance.
Nous allons relever nos palais dégarnis.
L'herbe croît, c'est l'instant des amours et des nids.
J'ai tout vu. Maintenant, fidèle messagère,
Je vais chercher ma sœur là-bas sur le chemin.
Ainsi que nous, enfant, la vie est passagère:
Il faut en profiter. Je me sauve : à demain. »
L'enfant reste muet, et, la tête baissée,
Rêve et compte ses pas pour tromper son ennui,
Quand le livre importun, dont sa main est lassée,
Rompt ses fragiles nœuds et tombe auprès de lui.
Un dogue l'observait du seuil de sa demeure,
Stentor, gardien sévère et prudent à la fois.
La peur de l'effrayer retient sa grosse voix.
Hélas ! peut-on crier contre un enfant qui pleure ?
Bon dogue, voulez-vous que je m'approche un peu ?
Dit l'écolier plaintif ; je n'aime pas mon livre.
Voyez, ma main est rouge, il en est cause. Au jeu
Rien ne fatigue ; on rit, et moi je voudrais vivre
Sans aller à l'école où l'on tremble toujours.
Je m'en plains tous les soirs, et j'y vais tous les jours.
J'en suis très mécontent ; je n'aime aucune affaire.

Le sort d'un chien me plait, car il n'a rien à faire.
— Écolier, voyez-vous ce laboureur aux champs ?
Eh bien ! ce laboureur, dit Stentor, c'est mon maître ;
Il est très vigilant, je le suis plus peut-être :
Il dort la nuit, et moi j'écarte les méchants ;
J'éveille aussi ce bœuf qui d'un pied lent mais ferme
Va creuser les sillons quand je garde la ferme.
Pour vous-même on travaille, et, grâce à nos brebis,
Votre mère en chantant vous file des habits.
Par le travail tout plaît, tout s'unit. tout s'arrange :
Allez donc à l'école, allez, mon petit ange.
Les chiens ne lisent pas, mais la chaîne est pour eux
L'ignorance toujours mène à la servitude ; [l'étude.
L'homme est fin... l'homme est sage : il nous défend
Enfant, vous serez homme et vous serez heureux :
Les chiens vous serviront.
L'enfant l'écouta dire,
Et même il le baisa. Son livre était moins lourd.
En quittant le bon dogue, il pense, il marche, il court;
L'espoir d'être homme un jour lui ramène un sourire
A l'école un peu tard il arrive gaîment,
Et dans le mois des fruits il lisait couramment.

(Mme DESBORDES-VALMORE)

71. — Héroïsme.

Courage! encore une journée
Et cette reine des maisons
Dans Paris sera terminée :
Courage, apprentis et maçons

Avec leurs marteaux, leurs truelles
Et des gravats plein leurs paniers,
Comme ils sont vifs sur les échelles !
Moins vifs seraient des mariniers.

Qu'on prépare un bouquet de fête ;
Au pignon il faut le planter.
Les plumes, au vent, sur le faîte,
Voyez-vous le moineau chanter ?

Eux, le soir, les gars de Limoge
Du travail chanteront la fin ;
Et vous entendrez votre éloge,
Bourgeois, si vous payez le vin.

***

Ah ! Quelle rumeur sur la place !
« A l'aide, à l'aide Limousins !
Du foin, de la paille ! Oh ! de grâce
Des matelas et des coussins !

Si l'un à cette pierre blanche
Peut s'accrocher, ils sont sauvés.
Ah ! tous deux font craquer la planche !
Ils vont tomber sur les pavés. »

Et vers l'étai qui se balance
Ils restent là les bras en haut.
Alors, dans le morne silence,
On entendit sur l'échafaud :

« J'ai trois enfants, Jacque, une femme ! »
Jacque un instant le regarda :
« C'est juste ! » dit cette bonne âme
Et dans la rue il se jeta.

(Brizeux.)

72. — Souvenir de Champigny.

1871

Enfants, vous qui courez dans la plaine embaumée,
Jetant au frais matin la chanson parfumée,
Mêlant vos airs joyeux à la voix du pinson
Dont le nid est caché tout près, dans le buisson,
Riez, car le sourire est fait pour le jeune âge ;
Chantez : les gais refrains, voilà votre partage :
Mais pourtant, dans la ronde où s'emmêlent vos pas
Enfants, riez moins fort, ne les éveillez pas !

Car vous vous souvenez, enfants aux têtes blondes,
De ces longs jours passés, de nos terreurs profondes !
Vous savez, quand le soir, l'affreux bruit du canon
Nous faisait frissonner, ébranlait la maison !
On disait : « aujourd'hui nous en perdons dix mille ! »
Alors on se comptait un mouvement fébrile :
Le fer, petits enfants, les moissonnait là-bas !.
Aussi, riez moins fort, ne les éveillez pas !

On les a couchés là, sous la terre glacée.
Plus d'un quitta le soir sa jeune fiancée ;
L'autre laissa brisée, en proie au désespoir,
Sa pauvre vieille mère, aujourd'hui tout en noir.

Ils dorment doucement sous la terre fleurie.
Après avoir donné leur sang à la patrie.
C'est pour nous qu'ils sont morts ; n'arrêtez pas vos jeux ;
Mais, lorsque vous priez, le soir, priez pour eux.

Riez : la vie encore est pleine de tendresse ;
Chantez : l'avenir garde encore des jours d'ivresse ;
Le printemps a caché leurs tombeaux sous les fleurs ;
Je ne veux donc pas, moi, vous arracher des pleurs.
Mais attendez le jour où l'immortelle France,
Se levant grande et fière, oubliant sa souffrance,
Verra de ces héros féconder le trépas.
Attendez. . . Jusque-là, ne les éveillez pas !

(Suzanne Chailloux-Pillevesse.)

73. — Honneur à ceux qui sont morts pour la patrie.

Ceux qui pieusement sont morts pour la patrie,
Ont droit qu'à leur cercueil la foule vienne et prie,
Entre les plus beaux noms leur nom est le plus beau,
Toute gloire près d'eux passe et tombe éphémère,
Et, comme ferait une mère,
La voix d'un peuple entier les berce en leur tombeau.

Gloire à notre France éternelle !
Gloire à ceux qui sont morts pour elle !
Aux martyrs ! aux vaillants ! aux forts !
A ceux qu'enflamme leur exemple,
Qui veulent place dans le temple,
Et qui mourront comme ils sont morts !

Aussi quand de tels morts sont couchés dans la tombe,
En vain l'Oubli, nuit sombre où va tout ce qui tombe,
Passe sur leur sépulcre où nous nous inclinons;
La Gloire, aube toujours nouvelle,
Fait luire leur mémoire et redore leurs noms!

Gloire à notre France éternelle!
Gloire à ceux qui sont morts pour elle!
Aux martyrs! aux vaillants! aux forts!
A ceux qu'enflamme leur exemple,
Qui veulent place dans le temple,
Et qui mourront comme ils sont morts!

(Victor Hugo.)

TABLE DES MATIÈRES

PARIS. — IMPRIMERIE CHAIX, 20, RUE BERGÈRE. — 13592-1.

www.ingramcontent.com/pod-product-compliance
Lightning Source LLC
LaVergne TN
LVHW012359220826
846092LV00002B/566

* 9 7 8 2 3 2 9 6 9 0 3 6 0 *